新装版

ミシンで着物

綿・麻・ゆかた

やまもとゆみ

はじめまして…

子供の頃、母親が作ってくれる洋服がみんなと違っているのがとてもいやでした。

どうしてみんなと同じじゃないの？　と。

大人になって「お店で買う服」に自分の身体をあわせる居心地の悪さを感じていたときに出会ったのが、着物です。

「ハレの日」に着るよそゆきの着物はもちろんすてき。

でもちょっとした日常に「ちょこっと羽織って出かけられる」おしゃれ着もすてきです。

この本では本格的な「和裁」はやりません。

ミシンでお洋服を縫ったことがある方なら楽々仕上げられる「単衣の着物」を作っていきます。

自分のための「おしゃれ」を自分の「手」で、自分だけの「デザイン」で始めてみませんか？

やまもとゆみ

はじめまして…	02
やまもとゆみの着物をたのしむ	04
帯と小物のたのしみかた	18
ミシンで着物を縫う -単衣着物の仕立て方-	32
さあ、作ってみましょう	49
きちんと着る、基本を知る 美しい着物のきかた	66
ありがと、またね	79

付録…実物大型紙

この本の使い方

着物の仕立て方は P50 以降を最初に参照し、型紙を作ってからカラーの P32 以降をご覧ください。
帯の仕立ては P58 以降に記載されています。

大人のよそゆき

「今日は大人のきぶんだから」と、着る「黒」。
この着物には絶対この帯を合わせようと決めていた。

少し透ける素材の着物は、下にあわせる
長襦袢で遊んで。
ストライプが見え隠れして大人っぽい雰囲気。
帯はパリで一番好きな場所を写真に撮って
シルクにプリントしたもの。
前と後ろで大きさを変えてプリントしました。
帯締め代わりに大きな王冠のゴールドのベ
ルトを。
春の終わり、夏が始まる前のちょっとの間
の贅沢コーディネイト。

夏の花づくし

高いなあこのひまわり、大きい花だ。
小学校のとき、習字の時間に書いた。
それから「ひまわり」は特別な花。

目の覚めるようなひまわりのプリントは麻レーヨン。
軽くてとても着やすい素材です。
中には長襦袢代わりにランジュを着ています。
浴衣のように着る場合は半衿をはずして。
USコットンの子供柄の帯がかわいさを添えています。

カウガールの日曜日
カウガール、4人並んで馬に乗る
なんだかアメリカの生地なのに、ヨーロッパの匂いもする
だいすき

このくらいの大きさの水玉は珍しく、帯にしたカウガールの生地と一緒にアメリカから輸入しました。
実は裏テーマが「トリコロール」。全身を赤、白、青でまとめているのです。
子供っぽくならないようにレースの半衿をつけて着物として着せています。
パリで買ったアンティークのバスケットをあわせて。

うさぎのミニョンヌ

耳がとんがってて、長くて、王冠をつけたうさぎの絵がほしいの。
今日のわたしはうさぎとおそろい、髪をふたつに結わえました。

オリジナルデザインのうさぎの生地は麻100%。
デジタルプリントで染めたものです。
帯は前面に薔薇を刺繍した半幅。
表のピンクの薔薇とあわせて裏をピンクのストライプにしました。
黒の帯締めと、ストレッチのタックリボンがアクセント。
豪華なレースを半衿にしてよそゆきっぽく。
半衿をはずすと真夏の浴衣に早変わり。

パリ、ロンドン、トラディショナル

タータンチェック、すきです。
麻、すきです。
わたし流トラディショナルの仕上げは
お友達のクスノムのバスケット。

パリやロンドンに行くといつも思います。
女の子達のファッションが流行を追いかけたものではなくベーシックで質素だなぁと。
もちろんおしゃれ。
大切に何年も着ているであろうTシャツやデニムにちょこっとスパイスが効いているのです。
そんなイメージでデザインした着物は、麻素材。
片身代わりでブラックウォッチとネイビーに花の刺繍が施されたもの。
アクセントにサテンのスニーカーをあわせました。

このこのたんじょうび

今日はお誕生日だからおいしいケーキをいただくの。
そう、お誕生日はパリからつれてきたお人形のローザちゃん。

浴衣の提案です。
USコットンの沈んだ色調の生地はよく見ると薔薇模様。赤い部分がボーダーになっていました。柄あわせが難しかったのであえておくみに赤色を集中させて。
帯は透ける生地を効果的に見せるために白くて固い帯芯を入れています。
肩に掛けたレースは、帯の下をくぐらせてアクセントにしました。
帯留めにした人形は、フランスのアンティークセルロイド人形ローザちゃん。ブローチ金具を付けて帯留め仕様に。

秋の足音を聴く

秋の薔薇が咲く前に、秋を先取り。
だって着物は季節を先取りするのが粋といいますもの。

ポリエステルの赤い着物に薔薇のレースモチーフを縫いとめ、上品に豪華に仕上げました。
帯には、着物と同じ赤で鳥の刺繍を。
このコーディネイトは赤と黒がテーマカラーです。衿と足元を同じ水玉で揃え、帯揚げのストライプできりっと引き締めています。
見た目をたてに長いラインにするのがポイント。

帯と小物の
たのしみかた

着物の表情を様々に変えてくれる帯や小物はセンスのみせどころ。
お気に入りを見つけて何通りもの着こなしを楽しみましょう。

作品は手仕事をひと手間加えるだけでぐっと表情がかわります。
黒い帯は万能帯、鳥の刺繍で印象深く。

半幅帯

着物と親しくなるために形にとらわれず自由に結べる半幅帯から始めましょう。
裏表どちらも使えますので、着物の表情がぐんと変わります。

うさぎのミニョンヌの帯、P10の着物と同じ生地

ターコイズブルーの大きな花が印象的、麻素材

ベルギーのゴブランの生地で仕立てたもの、珍しい気球のモチーフ

フランスのカーテンの生地で仕立てた夏向きの帯、海辺の風景

半衿

衿もとひとつで表情が変わるコーディネイト。
半衿には残りのはぎれを使ったり、レースを使ったり。刺繍やモチーフなどでひと手間くわえて。

男物の絹の半衿に巻き薔薇を丁寧に刺繍したもの

サンドベージュの麻にレース糸で編んだモチーフをとめて

真ん中で継いだ麻のギンガムチェックにクロスステッチで薔薇を刺繍

足袋

最近ではオーダーが可能なショップ
もあり、型紙を購入できる手芸店も
あります。
自分のサイズを知って、ピッタリを
作ってはいかがでしょう？

パッチワークのように見える細かい柄がいっぱいの生地で作ったトリコロールテーマのコットンの足袋

コットンレースの足袋、隙間から下の生地が見えるので麻のチェックをいれて

清楚なマーガレット柄、コットン

バレリーナが踊るコットンの足袋はボーダー柄をうまく活かして

シャツのようなチェックの足袋は無地感覚で、コットン

コットンのギンガムチェックの上に刺繍が施された生地は乙女な印象に

バッグ

ワンウォッシュゴブランで作ったオリジナルデザインの親子ガマグチ「ルポドゥミディ」

デジカメケースもおしゃれに、刺繍シルクにあわせて手刺繍した麻の巾着

草履とおそろいになるポーチ

1930年代、アメリカヴィンテージの生地で作ったハンドバッグ　口金はうさぎのオリジナル

グランマモーゼスの生地が楽しいオリジナルデザインの2連ガマグチ「ルポドゥミディドゥ」

履物

ヨーロッパのお城の壁紙のような生地にビニールコートした草履、オリジナルデザインの台、ポーチとセットに

天板は本革、ターコイズブルーとピンクの組み合わせがかわいい草履

大人っぽい印象の草履、天板は別珍、パリの刺繍生地を巻いて

グランマモーゼスの生地を天板に張った畳の台の草履、「ルポドゥミディドゥ」とセットに

フランスの刺繍シルクの花緒と時絵の下駄を組み合わせて

着付けに必要な道具たち

身頃をコットン天竺など伸びる素材で着やすくしたやまもとゆみデザインの長
半衿が白ではないのが特徴です。

着姿を美しくするには
姿勢良く凛としていることはもちろん
「着物の下」も快適に、
綺麗に着ることが必要です。
着付けのために使う道具類を
ご紹介しましょう。

ランジュプチ
やまもとゆみオリジナルデザインの履きやすいパンティとパッド、ワイヤーなしブラジャーのセット

タオル
身体を筒型に補正する場合に薄手のタオルを使用します。
3枚

帯板
ウエストに巻いた帯をしゃんと見せ、帯がおれたりよれたりするのを防ぎます。ベルトつき、ベルトなしあり。
1枚

腰ひも
長襦袢、着物の着付けの際に使用します。
5本

伊達締め
長襦袢を着るときに使用します。
2本

帯枕
お太鼓結びのときに使用します。
1個

帯締め
帯結びの最後に帯を固定するのに使います。様々な種類があるので、いろいろ探して楽しみましょう。
1本

帯揚げ
帯枕を固定するのに使います。スカーフやはぎれなど工夫することができる小さなおしゃれのポイントです。
1枚

足袋（いらない場合もあり）
着物のための靴下。ゆかたは裸足に下駄の場合が多いのでいつも必要な訳ではありません。
1足

洗濯ばさみ
衿足で着物と襦袢を止めたり、帯結びの時に仮止めしたりするのに使います。
わたしははずし忘れがないのと、がちっと止まるので大きいものを愛用しています。
専用の着物クリップもあります。

衿芯（いらない場合もあり）
半衿の下側に入れます。衿元がきちんとし、着崩れるのを防ぎます。
やわらかめのメッシュがお気に入りです。
1本

ミシンで着物を縫う - 単衣着物の仕立て方 -

着物をもっと身近に気軽に着るために「お洋服を作るように着物が作れたら」と思いました。和裁では型紙を使用しませんが、ここでは「やまもとゆみの標準Mサイズ」の型紙を使って制作します。

この本の「ミシンで着物」を縫う方法の大きな特徴は、従来の「和裁」にある、ぬいしろのゆとり、おはしょり部分の「あげ」などをなくしたことにあります。
これにより着用するときのもたつき感は少なくなりました。
右写真の着物サイズを参考にご自分のサイズに合わせた型紙修正を行ってください。
丈が長い場合は、着丈を（前身頃、後ろ身頃供同じ長さに）短くしてください。
裄丈が長い場合は、肩幅で調整してください。袖は現在一般に販売されているものより約10cm長くしています。こちらもお好きな長さで型紙を調節しましょう。

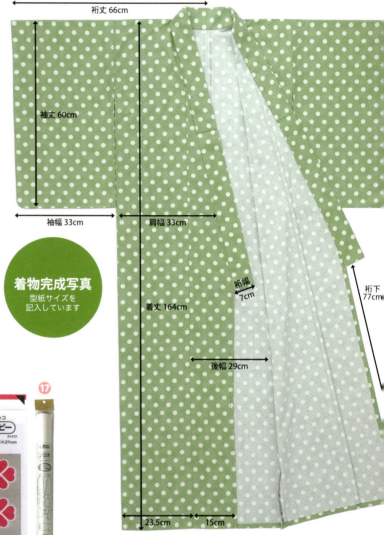

裄丈 66cm
袖丈 60cm
袖幅 33cm
肩幅 33cm
裄幅 7cm
裄下 77cm
着丈 164cm
後幅 29cm
23.5cm　15cm

着物完成写真
型紙サイズを記入しています

着物を縫うために必要な用具

① まんまるメジャー
② ぬい針「絆」
③ シルク待針
④ 色分けピンクッション
⑤ しつけ糸
⑥ シャッペスパンミシン糸　普通地用
⑦ ファイン手縫い糸
⑧ リッパー
⑨ 目打ち
⑩ ソフトルレット
⑪ 糸切りはさみ
⑫ 布切りはさみ
⑬ チャコペル水溶性
⑭ 水性チャコペン
⑮ 定規
⑯ クロバーチャコピー両面
⑰ クロバーハトロン紙（型紙写
⑱ 透明地用接着芯

すべて洋裁用で、身近な手芸店で手に入るものばかりです。
写真のほか、ミシン、ロックミシン（あれば）、アイロン、アイロン台、はさみ（紙用）が必要です。
型紙用紙、接着芯は使い慣れたものをお使いください。

※生地の端の始末は、基本的に家庭用ジグザグミシン、もしくは端ミシン、ロックミシンでかける仕様となっています。
この本では統一して（ジグザグミシン）と表示しますので、お手元の環境で端の始末をお決めください。

問合わせ先：クロバー お客様係　Tel.06-6978-2277　①〜⑤、⑧〜⑱／株式会社フジックス　Tel.075-463-8111　⑥〜⑦

生地の必要用尺・裁ち方

着物に使う生地の必要用尺の目安です。
90cm 幅の場合 6m
110cm 幅の場合 5m
接着芯 2m

 型紙を写す

巻末の実物大型紙を写し取ります。
パターンの上に写し取る紙を置き、ずれないように文鎮など重い物をのせると便利です。

型紙の写し方は P56 を参照

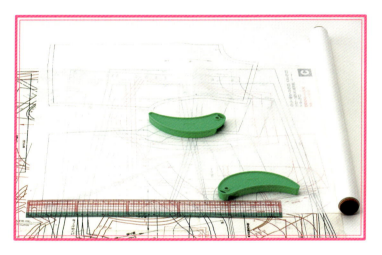

 生地裁ち方図（参考）

ここでは、広幅の洋服地を使って制作することを前提にしています。
110cm 幅の生地で約 5m、90cm 幅の生地で約 6m ほど用意しましょう。
生地は中表に二つ折りし、背中心（後ろ身頃）を「わ」にして身頃を配置、残ったところで他のパーツを並べます。
90cm 幅の生地の場合、身頃を置いたところで一旦生地をカットしておくと他のパーツが切りとりやすくなります。
型紙は身頃で約 3m の長さがありますので、配置した型紙がずれないように注意しながら裁断してください。

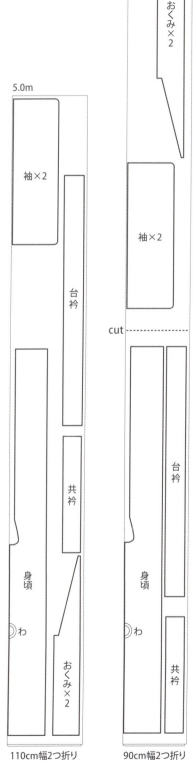

110cm幅2つ折り　　90cm幅2つ折り

縮小コピーではありません。
実際の型紙に従って裁断して下さい。

ミシンで着物を縫う

3 生地の裁断イメージ

P33 裁ち方図を参考にぬいしろつき型紙を使って生地を裁ちます。生地は下のようなパーツになります。

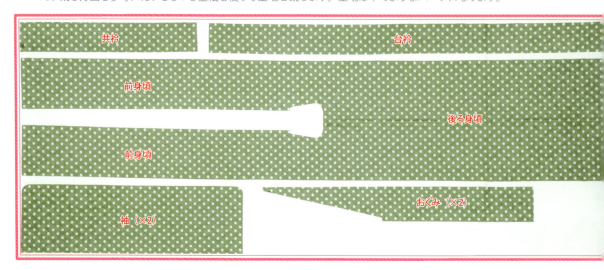

4 生地の切り取り方

型紙を生地の上に置き、型紙をマチ針や文鎮で押さえ型紙通りに切り取ります。
ぬいしろつき型紙ですのでミシンをかける場所がわからない場合などはいつものやり慣れた方法で型紙を布に写し取ってください。

5 印をつける

パーツごとに入れる合印は生地の端 3mm くらいのところにはさみで切り込みを入れるノッチや、糸印などご自分でわかりやすい方法を使ってください。

袖を作る

着物はひとつひとつのパーツが洋服に比べ大きいものがほとんどですので、最初に小さく縫いやすい袖から作っていきましょう。

1 まわりを縫う

袖のぬいしろにジグザグミシンをかけておきます。

2 三つ折りのアイロンをかける

袖口、たもとを1cmの三つ折りになるようアイロンがけします。

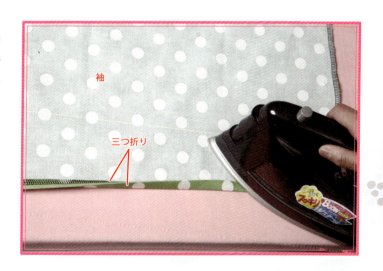

3 三つ折りにする

袖口、振り部分はアイロンで三つ折りのくせをつけておきます。

袖を作る

 4 袖の形にする

袖口のアキの下からたもとまでをぐるりとL字に縫います。

ここまで縫う

 5 袖の丸みをつける

袖の丸みの部分がアイロン押さえでうまく出ない場合は、ぐし縫いで丸を出しておきます。

ぐし縫い

 6 ぬいしろにアイロンをかける

ぬいしろ部分を片倒しにしてアイロンで押さえます。

縫い目が見えるように！

 7 まつり縫いする

袖口と振りの部分を袖つけにじゃまにならないよう手まつりしておきます。

身頃を縫う

次に直線部分の多い身頃にとりかかりましょう。
身頃が縫い上がると着物の形が少しずつ見えてきますので、仕上がりが楽しみになります。

背中心を縫う

 背中心にミシンをかける

身頃の生地の「わ」になっている部分（2cm）のぬいしろを中表にあわせ、ミシンで押さえます。

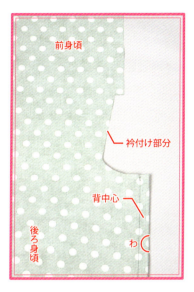

前身頃
衿付け部分
背中心
わ
後ろ身頃

 背中心にアイロンをかける

ぬいしろを左（上前側）に倒し、縫い目がみえるようアイロンで押さえます。表に返すと自然にキセがかかったようにみえます。

縫い目が見えるように！

この本では、身頃を2枚にわけるのではなく背中心でつながった状態の型紙にしました。
こうすることにより背中の柄が自然に合い、背中心がまっすぐになります。

身頃を縫う

脇を縫う

1 ミシンをかける

身八つ口の下から10cm、袖に向かってぐるっとジグザグミシンをかけて端の始末をします。次に身八つ口の下から裾に向かって前身頃と後ろ身頃を中表にし、合印をあわせて縫い線に従って脇を縫い、ぬいしろを2枚一緒にジグザグミシンをかけておきます。
これで前身頃と後ろ身頃がつながりました。

- 端しまつをしておく
- 身頃
- 袖つけ位置
- 10cm あける
- 裾まであわせてジグサグで縫う

2 身八つ口にアイロンをかける

身八つ口部分はぬいしろを割ってアイロンをかけておきます。

身頃を縫う

おくみをつける

 おくみを袋縫いする

おくみは袋縫いでしあげます。
生地を外表にしておくみと前身頃をあわせ、
7mmのぬいしろつけて直線縫いします。

 中表にかえす

縫い合わさった部分をひっくり返して中表にし、ミシン目にそってアイロンをかけます。

 おくみを縫う

仕上がり線に従って身頃とおくみを直線縫いします。

 アイロンをかける

おくみに向けてぬいしろを倒し、アイロンをかけます。

身頃を縫う

周りを縫う

1 三つ折りアイロンをかける

上前、下前、裾周りを縫うために、三つ折り用のアイロンがけをします。
まず上前、下前の裾の先の部分は二つ折りにした縫い代を直角三角形になるように内側に折り込みます。

2 額縁仕上げをする

その後、もう1つ折って上前、下前の裾の先の部分を額縁仕上げします。

3 まつり縫いをする

上前、裾周りを手まつりします。

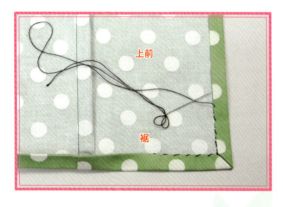

4 ミシンをかける

下の中に隠れる部分三つ折りし、ミシンがけします。
これで袖付けより下が完成しました。

この本では手まつりを取り入れていますが、すべてミシン仕上げでもかまいません。
その場合は、糸の色を変えてステッチにみせるなどミシンを活かした仕上げをしましょう。

 衿をつける

いよいよ衿をつけるところまできました。
着物の唯一といっても過言ではない曲線部分が含まれていますので、丁寧に仕上げてください。

接着芯を貼る

台衿（長い衿）の裏側に接着芯をアイロンで接着します。
生地の厚みにより芯の厚さを調整しましょう。
しっかりめのコットンを使用していますので、ここでは薄い芯を使っています。

共衿にアイロンをかける

共衿のぬいしろをアイロンで内側に押さえます。

衿同士を縫う

台衿の合印と共衿ぬいしろの合印を表同士であわせてマチ針を打ち、ぬいしろより3mm外にミシンをかけます。

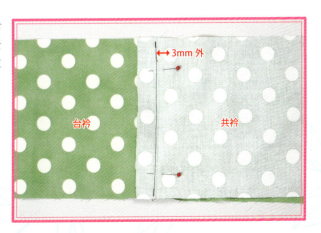

衿をつける

4 アイロンをかける

共衿を表に返し、アイロンをかけます。3mm 外側を縫っていますので、キセがかかったようになります。

5 しつけミシンをかける

縫い合わさった衿のぬいしろ 5mm のところを衿がずれないよう共衿の上から片側だけしつけミシンをかけておきます。

6 縫い合わせる

身頃の背中心と、衿の中心、合印を中表にあわせマチ針で止めていきます。このときミシンをかけているときひっぱらないように身頃に何カ所か写真を参考に切り込みを入れておきます。

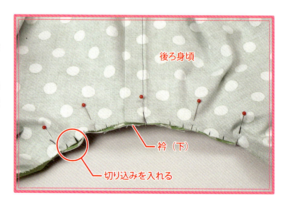

7 しつけをする

身頃と衿を縫い合わせる前に、カーブの部分にしつけをします。

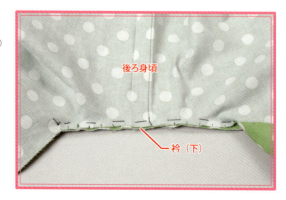

衿をつける

8 ミシンをかける

身頃側からミシンをかけて衿と身頃を縫い止めます。
ずれやすいところは目打ちなどで押さえながらゆっくりとミシンをかけましょう。

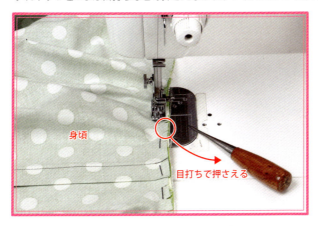

9 縫い上がりイメージ

縫い合わさった衿と身頃を内側からみたところです。

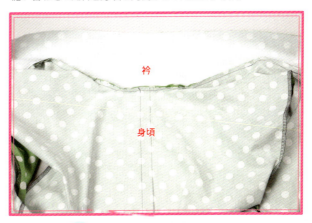

10 衿先を縫う

衿先を中表にし、衿付け止まりの5mm外側を縫います。

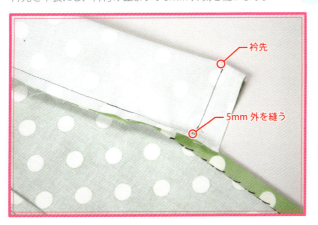

 衿をつける

11 アイロンをかける

衿付け止まりにアイロンをかけ、ぬいしろを内側（衿側）にたおします。

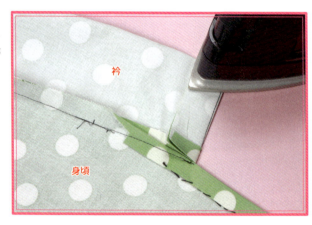

12 衿を仕上げる

ひっくり返して、衿を半分に折り、丁寧にアイロンをかけます。
ぬいしろも衿に向かって倒してアイロンをかけておきます。

衿を半分に折る

13 まつり縫いをする

衿は縫い目が見えないように手まつりで身頃に縫い止めます。
衿が身頃につきました。

衿は手まつり

 Point

衿先は目打ちなどで角を四角くしあげるとより綺麗に見えます。
後ろの首のカーブがポイントです。特に丁寧に仕上げましょう。

# 袖をつける

袖をつけるといよいよ完成です。
見えない部分を特に丁寧に仕上げると着姿が美しく見えます。

 袖と身頃をとめる

袖と身頃の袖付け位置を中表に重ねます。
袖が身頃に入っているような感じで、合印をあわせ袖からマチ針で身頃ととめます。
仕上がりが不安な場合はしつけをしましょう。

 袖をつける

袖付け止まりから袖付け止まりまでぐるりと、ぬいしろ1.5cm幅でミシンをかけます。

袖をつける

 3 肩口にアイロンをかける

ぬいしろを袖側に倒し、アイロンをかけます。

袖

袖側に縫い目が見えるように

 4 まつり縫いをする

縫い残しておいた振りを見えないように手まつりし、身八つ口のぬいしろを手まつりで止めつけます。

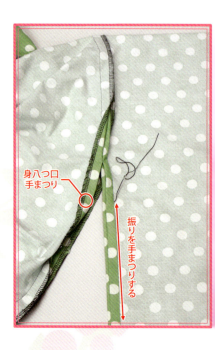

身八つ口手まつり

振りを手まつりする

 5 完成!

これでやまもとゆみ流、ミシンで縫う着物が完成しました。
最後に全体にアイロンをかけて仕上げます。
この本では、わかりやすいように黒い糸を使って仕立てましたが、生地にあわせて目立たない糸を使って全体をミシンで仕上げ、目立つところはステッチのように楽しむためにわざと違う色の糸を選ぶなど、いろいろ楽しんで作ってください。

ミシンで着物を縫う楽しみ

従来の「和裁」や「着物」という概念をいったん取り払い、「着物」という形の「洋服」をイメージして新たにパターンを引きました。
そのためこの本の着物は本来の着物が持つ「着る人によってサイズ直しをする」という考え方を取り入れず自分に合うサイズで制作します。
大きな特徴として、ぬいしろをぎりぎりまで少なくして、着たときにゴロゴロしないようにし、後身頃を2枚に分割せず続けて裁つことで、背中心の柄が続くようになり背中をすっきりとさせています。
そして内揚げをなくし、おはしょりをとってももたつかないように工夫しています。

この本で使用した生地

着物：透けるコットンウールに手刺繍
帯：シルクにオリジナル写真をプリント

着物：インポートレーヨン麻
帯：US コットン

着物：US コットン
帯：US コットン

着物：オリジナルデザインの麻プリント
帯：インポートコットンに刺繍

着物：タータンチェック麻／麻に花の刺繍
帯：レーヨンポリ　刺繍

着物：コットン
帯：透けるコットンポリにレース

着物：ポリエステル　レース
帯：コットンに手刺繍

「ミシンで着物」の巻頭ページで制作した着物に使用した生地です。
基本は綿や麻など比較的縫いやすいものにしました。
P12-13 で右と左で生地を変えた「片身変わり」の着物を縫うときは、1cm ほど余分にぬいしろを取り、背中心で最初に縫い合わせてから作ります。

さあ、作ってみましょう

🌹 着物を縫い始めるまでにやっておくこと……… 50

🌹 ミシンで縫う半幅帯………………………………… 58

🌹 ミシンで縫う作り帯（お太鼓）…………………… 62

「着たい生地を見つけた」「こんなのがほしいけど見つからない」そんな時は、自分で作ってみませんか？
ここでは着物を縫うまでの準備と帯の縫い方を解説しています。

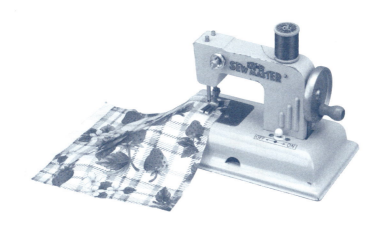

 着物を知る

着物を作る前に着物独特の基本用語を知っておきましょう。

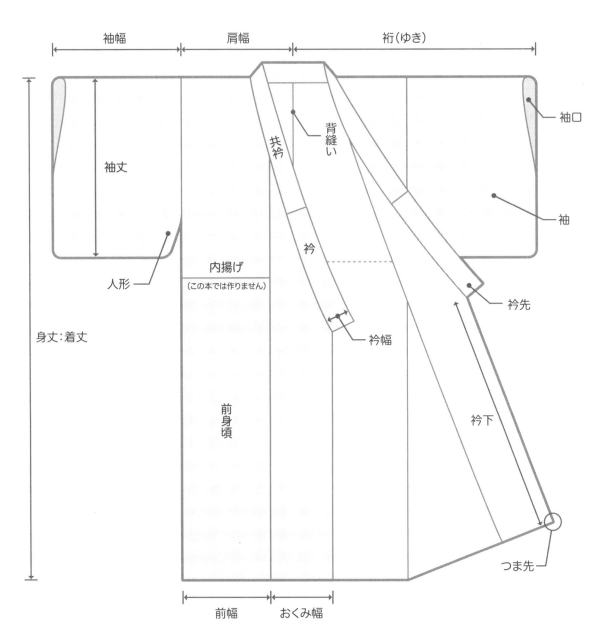

■わたしのサイズメモ

身長	着丈
裄丈	バストサイズ
ヒップサイズ	

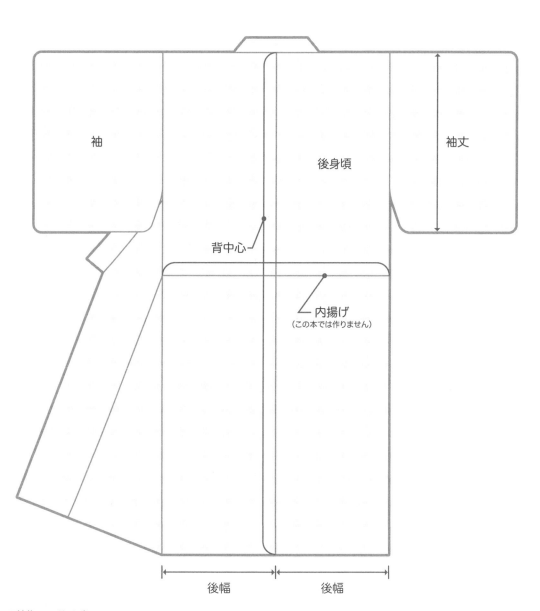

「ミシンで着物」のサイズについて

着物の着丈は身長とほぼ同じと言われていますが、身長マイナス5cmくらいまでの着丈であれば、十分おはしょりを出すことができます。
裄丈は、首の後ろのぐりぐり部分から腕をまっすぐ横にあげた手首のぐりぐりまでの長さ、若干短めに仕上がりますので短い場合はプラス1cmほど袖幅を広くし、裄丈を出してもかまいません。
袖丈はクラシカルな雰囲気になるよう60cmになっていますが、お好きな長さに調整してください。
この本についている実物大型紙は、身長155から165cm、バスト約80から88cm、ヒップ約82から92cmくらいまで対応できるサイズです。

着物の生地の選び方

柄の選び方　- 広幅の洋服地を使う場合 -

着物は前身頃と後ろ身頃を続けて裁ちますので、柄に上下があるものは避けましょう。
太いストライプや、大きなチェックも柄あわせをするとき生地に無駄が出るので初心者向きとはいえません。
初めて縫うときは、小さめの水玉や綺麗な色の無地に縫い上かってから刺繍をしたり、絵を描いたりしてオリジナリティを出しましょう。

水玉や細かいチェック

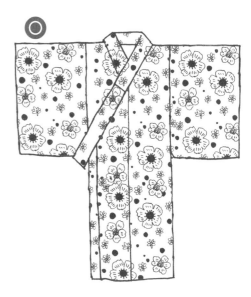

上下のない花柄など

生地の選び方

◉ オススメの生地

コットン	ブロードなど平織りである程度生地の厚みがあり、透けないもの。浴衣がわりにもなる生地。 水通し要／手洗い
麻	薄手の目のつまったもので、触ってちくちくしない透けないもの。着心地がよく夏着物の定番。 水通し要／クリーニング
綿麻	薄手の目のつまったもので、触ってちくちくしない透けないもの。麻より手頃、夏向き素材。 水通し要／手洗い・クリーニング
レーヨン麻	薄手の目のつまったものでしなやか、透けないもの。夏向き素材、しわになりやすいが着心地がいい。 水通し要／手洗い・クリーニング
サマーウール	透けるものと透けないものがある。夏用のウール素材。 水通し不要／クリーニング
ポリエステル	やわらかもののようなしなやかな手触り。各季節の素材あり、手に入りやすい。 水通しほぼ不要／手洗い・クリーニング
浴衣地	浴衣用に作られた反物で、いろいろな素材がある。浴衣専用で反物幅。 素材によっては水通しが必要／手洗い・クリーニング

自分で仕立てる着物に利用する生地については特に「これはダメ」というものはありませんが、せっかく作るのですから扱いやすく着やすいものをお使いになることをオススメします。

柄合わせのむずかしい太めのストライプなど

柄が方向で上下ができるもの

✕ 着物にむかない生地

薄手のコットン	ハンカチくらいの厚さのローン地など。
厚手のコットン	ツイル、オックス、キャンバスなど厚手の生地や厚手デニムなど。
ストレッチ素材	ジャージやニットなど、伸びる素材。
ラメ、スパンコールなど	取り扱いが難しい舞台衣装向きの生地など。

生地の下準備

生地を水通しし、地直しします。
水を通すと縮む生地は必ず、縮まないものでも生地の目を揃えるためにいったん水にくぐらせ水通ししておくことをオススメします。

1 生地をたたむ

生地の横幅を3つ折りまたは4つ折りにし、そのあとネットに入る長さまで生地をたたみます。

2 洗濯用ネットに生地をいれる

生地をたたんだら洗濯用ネットにいれます。

3 洗濯機にかける

ネットに入れた生地を手洗いモードや弱水流モードで洗います。
この時洗剤をいれる必要はありません。

4 生地を陰干しする

3つか4つにたたんだ状態の生地を3〜4本のハンガーにかけて陰干しします。

5 アイロンをかける

生乾きの状態で生地に一方向にアイロンをかけます。
これで生地の準備は終わりです。

コラム：カンタンな生地の見分け方

5mもある生地に水通しするのは大変です。
生地の収縮や色落ちのテストを兼ねて水通し前のテストをしてみましょう。

 生地のはしを10cm角の四角に切り取ります。

 切り取った生地を水につけて乾かします。

 乾いたところで縮んでいるか確認し、縮んでいるようであれば全体を水通しします。

 テスト済みの生地は自分だけの「着物見本帖」などを作って楽しむのもオススメ。

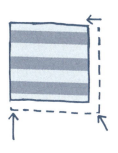

型紙を作る - ぬいしろつきパターン -

巻末の実物大型紙を写して「ミシンで着物」を作りましょう。

1 型紙を巻末から外します。

2 実物大パターンに必要な部分を蛍光ペンを使ってなぞります。
パーツ名ごとに色を変えると描き写すとき便利です。

3 パターンを描き写します。
実物大型紙の上に薄手の透けるもぞう紙や市販の型紙用紙を置き、定規を使ってパターンを描き写します。
着物のパターンは1つのパーツが大きいので、いくつかに分けています。すべてのパターンを忘れず描き写しましょう。
布目線、合印、パーツの名称も忘れずに描いておきます。

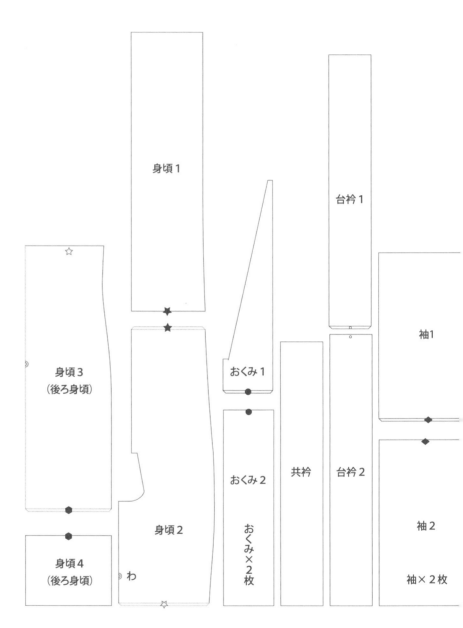

4 はさみ(紙切用)でパターンを切り取ります。

5 切り取ったパターンをパーツごとにのりしろで貼り合わせます。

これでパターンが用意できました。実際に単衣着物を制作していきましょう。

P32 ページへ＞＞

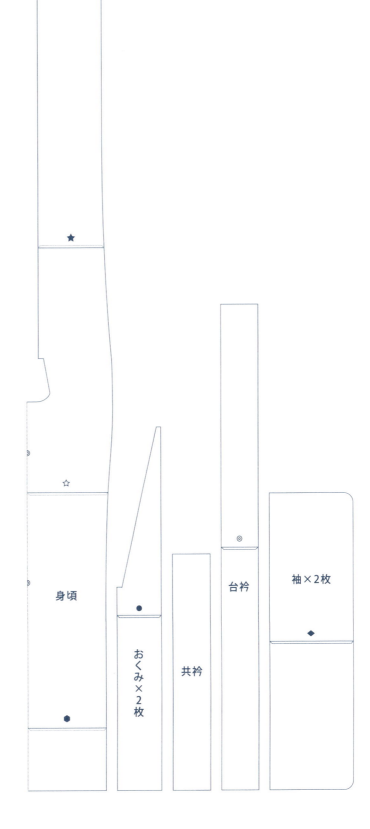

ミシンで縫う半幅帯

やまもとゆみが提案する半幅帯は一般的なリバーシブルに加え、表地を2種類の生地で作るスタイリッシュなタイプ。
帯を巻くと1周目と2周目が違う柄になるので、様々な着こなしが楽しめます。
初めて縫う方は、透けない綿や麻、綿麻混など滑りがよく縫いやすい生地を選びましょう。
帯芯は帯幅・広幅、やわらかいものと固いものがあるので使用用途にあわせ、その中からアイロン接着できるものを選びましょう。
経験の少ない方は裏地をチェックやストライプにすると縫いやすいでしょう。

●生地を裁断する前に

　天然素材は水に濡れると縮む場合がありますので、事前に水通しすることをオススメします。
　水通しの方法はP34を参照してください。

●生地の用尺

　表A　　　　　幅/22cm　長さ/320cm（A1幅/22cm　長さ/258cm　A2　幅/22cm　長さ/64cm）
　 B　　　　　 幅/22cm　長さ/64cm
　裏C・帯芯　幅/22cm　長さ/382cm

　すべてぬいしろ1cmを含みます。表にBの生地をはさまない場合、Aの生地はCの生地と同じ用尺となります。

これだけのパーツで作ることができます。

●半幅帯、縫い方のコツ

　基本的にすべてのパーツを中表で縫い合わせひっくりかえします。
　帯芯と生地がずれないように縫うのが特徴です。

① アイロンをかける

　生地の目にそってスチームアイロンをかけます。
　水通ししている場合はこの行程はいりません。

② 生地を裁断する

　最初に帯芯を裁ちます。帯芯の耳は取り除きましょう。
　チャコペンやチャコピーなど使いやすい道具で直接帯芯に22cm幅のところでしるしをつけ、長さ382cmになるまでしるしをつけます。
　和裁の道具をお持ちの方はへらでしるしつけされてもかまいません。
　しるしがついたらしるしを線でむすび、線の上を裁断します。裁断された帯芯は型紙として利用します。
　A1を裁断するときは、帯芯に258cmのところでしるしをつけ、それを型紙にして裁断します。
　Cは帯芯をそのまま型紙にして裁断します。
　A2は直接生地にしるしをつけ裁断し、A1を型紙にしてBを裁断します。

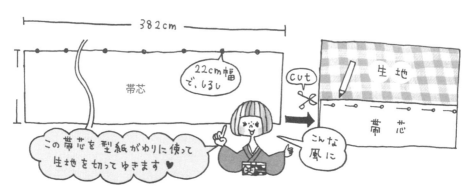

❸ 表地の短い方をはぐ

各パーツをぬいしろ1cmずつ中表にあわせ、縫い合わせます。
表A1と表Bをあわせてマチ針でとめ、1cmのぬいしろを残し荒くしつけをかけます。
しつけの上からミシンをかけ、しつけをとってからぬいしろを割り、アイロンをかけておきます。

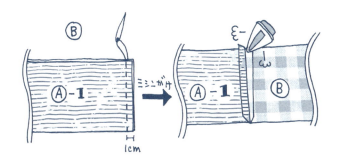

❹ 帯芯をつける

帯芯は表側につけます。
表A2の生地の裏側と帯芯の接着面をあわせてマチ針をうち、アイロンで150cmくらいのところまではずれないように
しっかりとかけて接着させます。
このときアイロンは滑らせず、上から押さえるようにかけてください。

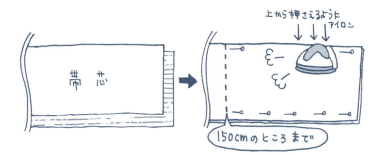

❺ 表A2と表Bをぬいあわせる

3と同じ要領で、表A2と表Bを縫い合わせ、ぬいしろを割っておきます。
これで表地がつながりました。
帯芯は150cmの位置まで表A2に接着されている状態です。

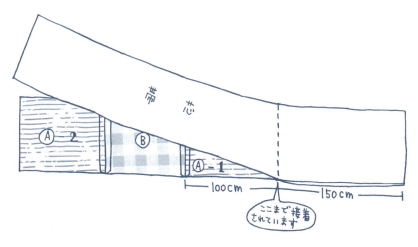

6 帯芯をすべてつける

残りの帯芯を❹と同じ要領でマチ針をうち、アイロンでしっかり押さえて表地に接着させます。

7 表地と裏地をとめる

中表にあわせた生地に、芯を貼っていない裏Cから25cm間隔でマチ針をうっていきます。
生地の真ん中あたりに手をいれて生地をひっくり返すことができるくらいの空きをつくり、空き止まりの位置にマチ針をうちます。

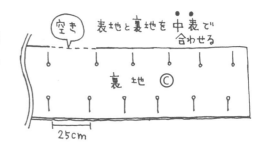

8 表地と裏地を縫う

ミシンを表地側からかけます。
ひっくり返す空き止まりから縫い始め、ぐるりと空き止まりまでミシンをかけますが、距離が長いので生地がずれないように、目打ちでぬいしろを押さえたりしながら縫い進めます。
また押さえ金をちょこちょこ上げて、上になっている生地が伸びないように気を付けて縫います。
裏地を表地より厚めの生地にして、帯芯を貼った表地と同じ厚さにしておくと縫い合わせやすくなります。

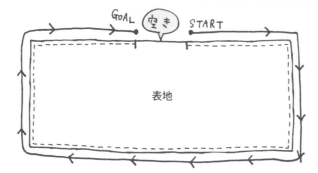

9 アイロンをかける

縫い終わるとひっくり返すまえにぬいしろを折ってアイロンをかけます。
アイロンをかける前に、角の縫い代を斜めになるように切り落とし、帯芯のみすべてのぬいしろを縫い目ぎりぎりで切り落とします。
表地を上にして、縫い目が見えるようにぬいしろを表地側に折ってアイロンをかけます。
折り目がでるように強くかけておきます。

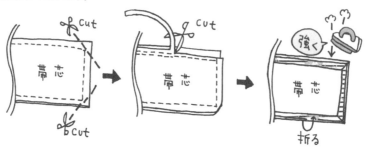

❿ ひっくりかえす

空き口から手を入れて生地をひっくりかえします。
目打ちで角を出し、直角になるように整えます。

⓫ アイロンをかける

裏地側からアイロンがけをします。
表地が少し見えるような感じでアイロンを丁寧にかけます。
空き口も中に向かって綺麗に折ってアイロンでくせをつけておきます。

⓬ 空き口をまつる

空き口を縫い目が見えないように綺麗に手でまつります。
最後にまつった部分にアイロンをかけましょう。

⓭ 完成！

あなただけの半幅帯ができました！

ミシンで縫う作り帯（お太鼓）

本格的なお太鼓結びの着姿を楽しめる作り帯を作ってみましょう。
生地の選びかたによってパーティにも対応できるものが手軽に出来上がります。
ここでは前帯とお太鼓がつながっていないタイプのものを作ります。

●生地の選び方・生地を裁断する前に
　生地については、半幅帯の縫い方(P58)を参照ください。

●生地の必要用尺（表と裏を別の生地で縫う場合）

前帯分　表A　裏B　帯芯
幅/18cm　長さ/172cm

お太鼓分　表A　裏B　帯芯
幅/33cm　長さ/102cm

テ先分　表A　裏B　帯芯
幅/18cm　長さ/50cm

ひも（市販の2cm幅のテープでもかまいません。）
表A　幅/6cm　長さ/62cm　×　2本
すべてぬいしろ1cmを含みます。

●作り帯を縫う
基本的にすべて中表で縫い合わせひっくりかえします。
帯芯と生地がずれないように縫うのが特徴です。

① アイロンをかける
生地の目にそってスチームアイロンをかけます。
水通ししている場合はこの工程はいりません。

② 生地を裁断する
まず帯芯を裁断します。
しるしのつけ方、裁断の仕方は半幅帯の縫い方(P58)を参照してください。
帯芯を型紙にした各パーツを裁断します。
裁断したものはパーツごとにまとめておきましょう。

③ 生地をあわせてピンをうつ

各パーツの帯芯を半幅帯と同じように、表Aに貼っておきます。
お太鼓分とテ先分の生地を中表に裏B側からマチ針をうってあわせておきます。

④ ひもをつくる

ひもの生地を中表にして縫い、ひっくり返します。
市販のテープをつかう場合、この作業はありません。

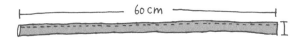

⑤ ひもを前帯部分にはさみこむ

前帯分の表A側の端、上から1cm下がったところにひもを置き、マチ針でとめます。
マチ針がずれるような場合は、ぬいしろより外側にしつけ糸でとめておきます。
柄の向きに上下がある場合は下から1cm上がったところにひもをとめます。
❸と同じように中表にあわせてマチ針をうちます。このときひもは中に入った状態です。

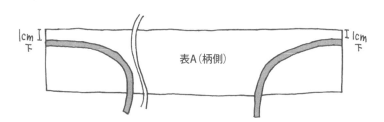

⑥ 各パーツを縫う

生地を中表にあわせ、表A(帯芯側)の空き止まりの位置からぐるっと一周ミシンをかけます。
前帯はひもをはさみこんで中に入れた状態で縫います。

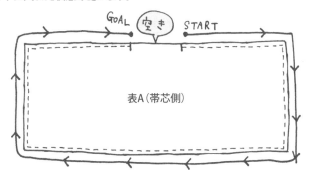

⑦ アイロンをかけ、ひっくり返す

半幅帯 P60 と同様にいらない部分をカットし、アイロンをかけ生地をひっくりかえします。

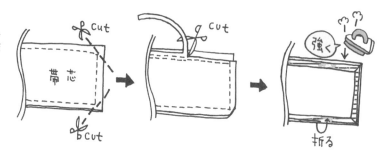

⑧ 各パーツのベースをつくる

生地をひっくり返した後さらにアイロンをかけてしわをとり、空き口をかがっておきます。
かがった部分にアイロンをかけると、前帯と手先、お太鼓のベースができます。

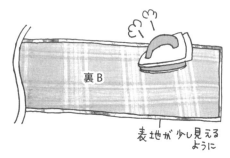

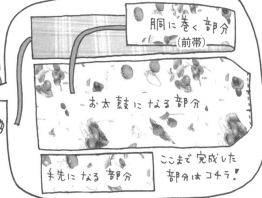

⑨ お太鼓の上の部分を縫う

お太鼓ベースの一番上の部分の生地をヒダを折るようにつまみ、はずれないようにミシンをかけます。

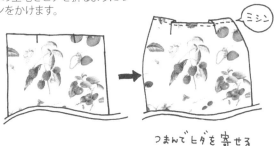

⑩ 手先とお太鼓のベース生地をつなぐ
（ここでは A 生地を表面にしています）

B 生地のタレ先（お太鼓の下に出る部分）下から 10cm のところ、左側に手先を A 生地を上にして 9cm 重ねます。
B 生地同士が向かい合っている状態です。そこに約 1cm のぬいしろをつけ、お太鼓と手先を縫いつけます。

⑪ お太鼓の形を作る

お太鼓ベースの下から31cmのところを下に向かって折り、手先がついているところで上に向かって折り返します。
お太鼓結びの手先で押さえる部分ができました。
このとき、はずれないように、重なった生地を見えないところで手縫で止めておきます。

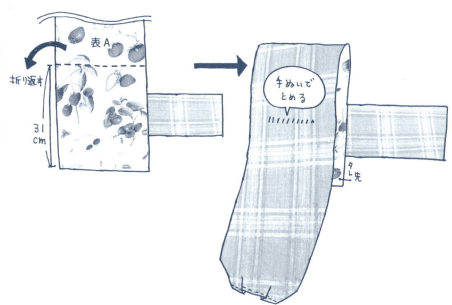

⑫ お太鼓の山を作る

上に向かって折り返した生地を、お太鼓の高さ約27cmのところで手先をぬいつけたB生地にむかって折り返し、手先から18cmのところで手縫いでしっかりと止めつけます。
これでお太鼓ができました。

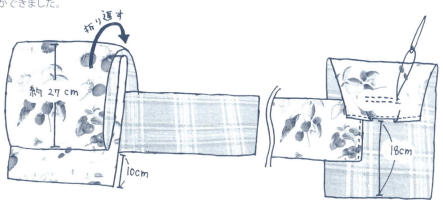

⑬ 完成！

作り帯（お太鼓）ができました。

きちんと着る、基本を知る
美しい着物のきかた

良いきかた、良くないきかた

長じゅばんは大事　- 長じゅばんのきかた -

コラム：補正は必要か？

長着をきれいに　- 着物のきかた -

半幅帯をかわいく締める　- 半幅帯の結び方 -

お太鼓で大人っぽく - 作り帯の結び方 -

良いきかた、良くないきかた

美しく見える着こなしは綺麗な着付けから、着付けのポイントを知って、良い着こなしでおしゃれしましょう。

良くないきかた

・裾が短い
・裾が広がっている
・下前が裾から見えている
・ウエストがくびれたまま
・おはしょりがもたついている
・衿がブカブカしている
・衿が左右均等に出ていない
・背中心がずれている
・背中がぶかぶかしている

良いきかた

・裾が床すれすれで決まっている
・すそがすぼまっている
・下前が見えていない
・ウエストがきちんと寸胴になっている（＊）
・おはしょりがすっきりしている
・衿がすっきりと左右均等に出ている
・背中心が真ん中にきている
・背中のたるみ、シワがきちんと取れている

※ウエストがくびれている人はタオルや市販のパッドを使って腰とウエストを補整しておきましょう

長じゅばんは大事 - 長じゅばんのきかた -

1 長じゅばんをはおる

着付けを始める前に、ヘアメイクをすませて、足袋を履いておきます。
半衿をつけていないランジュ（または肌じゅばんなど）を着て、体型補整をしてから長じゅばんをはおります。
長じゅばんの半衿の内側にあらかじめ衿芯を入れておきましょう。

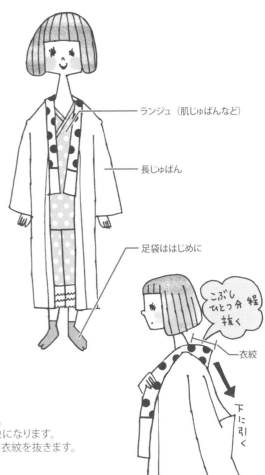

- ランジュ（肌じゅばんなど）
- 長じゅばん
- 足袋ははじめに
- 衣紋
- 下に引く
- 背中心

こぶしひとつ分程抜く

ワタシはランジュをじゅばんがわりに着ます

2 背中心を決めて、衣紋を抜く

長じゅばんの衿先を顔の中央で合わせます。
こうすることで背中心が決まって左右が対象になります。
片手で背縫いを持ち、背縫いを下に引いて衣紋を抜きます。
衣紋を抜く目安はこぶしひとつぶんくらい。

レースは衣紋抜きにも使えるの！
好きな長さに切って使ってね cut!
ランジュには腰ひもになるレースがついています

身八ツ口から手を入れて…
ランジュにも身八ツ口がついてるんです

引く！
衿を前に引くと衣紋が詰まるのでNG
左の衿　右の衿

3 衿を合わせる

右手で右の衿を持ち左の身八ツ口から内側に入れた左手に持たせて衿を合わせ、右手で左の衿を合わせます。胸をおおうようにあわせると胸元が安定します。

※衿を前に引くと衣紋が詰まってくるので注意しましょう

❹ 胸紐を締める

左手で右の胸の下の衿を押さえ、右手で紐の真ん中を持って右胸下にあわせます。
左手で紐を当てながら後ろで紐を交差して軽くしめます。
前で2回からげたら、反対側にねじって端を紐にはさんでおきましょう。

2回からげる

※からげる
ひもを結ばずくぐらせる事

❺ 背中のたるみを下に引く

背縫い、肩甲骨の下、脇を順番に下に引きます。
ここにたるみが残っていると衿元が崩れる原因になるので、しっかりと引いてください。

❻ 伊達締めを締める

胸紐の上に正面から伊達締めをあて、後ろで交差させて軽く締めます。
前で2回からげて反対側にねじり、端を伊達締めの前にはさみます。
ランジュを長じゅばん代わりに着る場合も同様に伊達締めを締めると衿元がきれいに決まります。

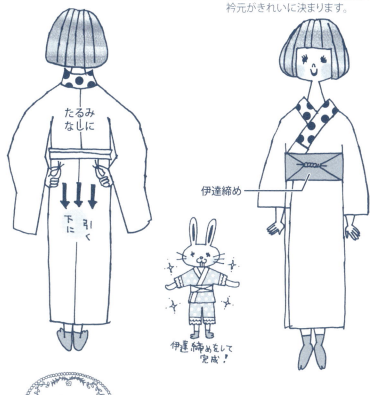

伊達締め

伊達締めをして完成！

コラム：補正は必要か？

答えは「イエス」。
わたしが初めてスタイリングの仕事をしたのは着付けにもまだ慣れていない時で、ハーフのモデルちゃんでした。
その子はしっかりとした骨格を持っていたのが幸いしたのか、補正なしで着付けることができました。
それに気を良くしたわたしは「人間、自然が一番」とばかりに補正なしでライブの衣装を着せたり今思うと穴があったら入りたい！という感じ。
やせている女の子に着せると、その一瞬竹久夢二の絵のような仕上がりになり大満足。でも10分ほどするとずるずると帯が落ちてきちゃう。
帯揚げもすぐずくずくになり、帯締めもゆるみます。ちゃんと締めているのに何がダメ？
パリで結婚式の着付けをすることになり、わたしは思い切って鞠小路さんに着付けを習いに行きました。
そこで身体のくぼみをなくして寸胴にするという、至極当たり前の事を本当に霧が晴れるようにすっきりと教えてもらいました。
バストを平らにし、ウエストをなくし、ヒップの出っ張りをなくすだけで今までの⅓の時間で着せることができ、着崩れしなくなったのです。
補正というのは誰にも必要だということもわかりました。
まさに「目からウロコ」。

今だから言えます。みんな、ちゃんと補正しないと！

自分の体型に合った補正をしましょう

長着をきれいに - 着物のきかた -

1 着物をはおり、裾の長さを決める

長じゅばんの衣紋をつぶさないようにそっと着物をはおります。
衿先を合わせて少し上を片手で持ち、もう片方の手で背縫いを持ちます。
背縫いを後ろに引いて体から着物を離し、裾が床と平行になるように持ち上げます。
裾をおろして床すれすれのところで長さを決めたらそのまま前にひいて後ろの手を離します。

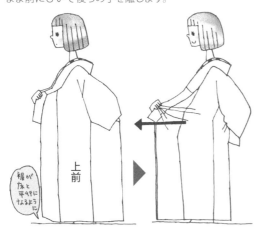

2 上前の幅を決める

前に引く力を維持したまま左右の手でそれぞれの衿先を持ちます。
着物の左前身頃（上前）が右の腰がかくれる位置までくるようにあわせます。
大きい場合は右側（下前）を引いて調節します。小さい場合は左手を引いて正しい位置にあわせましょう。

※裾は床を掃くように、すれすれの位置で動かしましょう

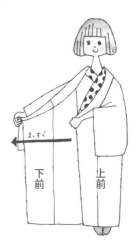

3 下前を合わせる

上前を、ずらさないように注意しながら開き、右側の着物（下前）を左に合わせます。
合わせた下前の衿先を15cmほど上げておきます。

※1 下前が余ったら脇で手前に折り返しましょう体に巻き込むと歩きにくくなってしまいます
※2 下前を合わせるときも床を掃くように動かしてから腰骨のところで上に上げましょう
　　最初からあげていると裾全体が短くなってしまうので注意

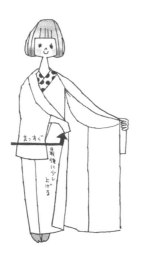

4 上前を合わせる

上前を下前の上に合わせます。このときも裾が床を掃くようにすれすれのところで動かし、腰骨のところで衿先を少しだけ上に上げます。

※下前が見えるのはNG、上前はあげすぎないように

⑤ 腰紐を結ぶ

左手で右の衿先をしっかり押さえて、右手で腰紐の真ん中を持って右の腰に当てます。
左手で紐を当てながら後ろで交差してぎゅっと締め、前で蝶々結びか片蝶結びにして端をはさみます。

※補整のタオルがクッション代わりになるので苦しくなりません、腰紐は裾を支える大事な紐なのでしっかり締めましょう

⑥ 裾をチェックする

この段階で次のポイントを必ず確認しましょう。

1）下前のつま先がしっかり上がっているか
右手で下前をめくって確認します。もしあがっていない場合は身八つ口から左手を入れて衿先を斜め後ろに引くとつま先が上がります。

2）おくみ線が足の甲の上につんと立つようになっているか
足の甲で寝るくらいの長さになっていたら長すぎです。腰紐の上で片手で腰紐を少し浮かせておくみ線を上に引きましょう。短い場合は同様にして下に引きましょう。

3）後ろの裾が床すれすれになっているか
おくみ線と同じ方法で長さを調節します。

※裾の調節ができるのはこのポイントだけなので必ずチェックしましょう

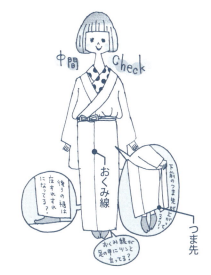

⑦ おはしょりをキレイにする

おはしょりとは、あまった着物を腰でタックをとったもの。
身八つ口から手を入れて後ろと前のおはしょりをキレイに整えましょう。
まっすぐにならない場合は腰紐に着物がはさまっているのでゆっくりひっぱり出します。

⑧ 衿を整えて背中心を決める

着物の衿を襦袢の衿になじませて、着物の衿を5cmほど出しておきます。
左右の共衿を顔の真ん中で合わせて左右の長さをそろえます。
これで背中心が決まり左右が対称になります。

⑨ 下前の衿を合わせる

耳の後ろの位置から徐々に半衿を出して、身八つ口から入れた左手で胸の10cm下のところで衿を持ちます。
おはしょりがごろごろしないように左手で衿を持ったまま右手で下前のおはしょりを内側に斜めに折り上げます。

※衿元がたるまないようにたるみをなでおろしておきましょう

10 上前の衿を合わせる

右手で上前の衿をたるみをなでおろしながら下前の衿とバランスをとって合わせます。
左右の半衿が同じくらい出るようにしましょう。

11 胸紐を締める

左手で右胸下の衿を押さえ、右手で紐の真ん中を持って右胸下を押さえます。
左手で紐を当てながら後ろで交差して軽く締めます。
前で2回からげたら、反対側にねじって端を紐にはさんでおきます。

12 背中のしわを左右に引く

紐を締めると必ず背中にしわがよります。
背中の着物を左右に引いてしわを脇によせましょう。

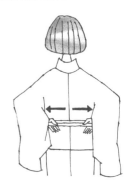

13 完成！

これで完成。前と後ろのポイントをチェックしましょう。

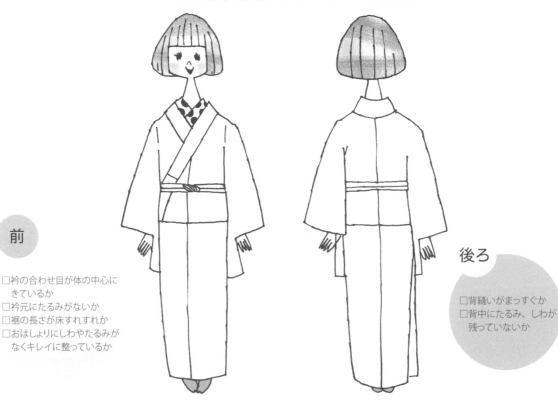

前
- □ 衿の合わせ目が体の中心にきているか
- □ 衿元にたるみがないか
- □ 裾の長さが床すれすれか
- □ おはしょりにしわやたるみがなくキレイに整っているか

後ろ
- □ 背縫いがまっすぐか
- □ 背中にたるみ、しわが残っていないか

半幅帯をかわいく締める -半幅帯の結び方-

❶ 帯をかかえる

ゴムつきの帯板はあらかじめつけておきましょう。
帯をうしろにまわして背中にあて、下からかかえるようにして持ちます。
左側の帯先（テといいます）が床につくくらいの長さにしておきます。

❷ テの長さをみつもる

床につくくらいの長さのところを外表にして半分に折って、折れ目を上に返して体の中心で帯板にピンチ（洗濯ばさみ等）で留めます。

❸ 帯を巻いて締める

帯先が外（上から）に出るようにして帯を胴にひと巻きしてゆるまないよう帯を締めます。
左手はピンチの根元を帯板と一緒に持ち、右手は体の脇で帯を横に引くようにするとしっかり締まります。

❹ タレを半分に折る

ピンチをはずしてテを少し左側にずらしておきます。
右側にある帯（タレといいます）が体の中心で半分になるように斜めに内側に折ります。

※テを少しずらして中心部分をあけることで、結び目が中心にきます

❺ 帯を結ぶ

テを上にして1度しっかりと結びます。

※1 このときテとタレが同じ長さくらいになると形がキレイに決まります
　　 もし長さがそろってない場合は結ぶ前に帯をずらして調整しておきます
※2 結び目がゆるいと後ろがさがってくるのでしっかり結びましょう

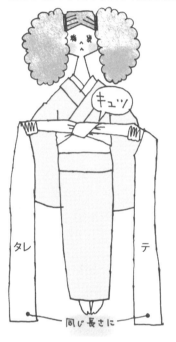

❻ はねを作る

タレの根元から輪をつくってはねにします。

❼ はねを反対側にたおす

はねを根元から反対側にたおします。
このときテの内側を通るようにしましょう。

❽ ちょうちょ結びをする

テを結び目の上からかぶせるようにして
ちょうちょ結びをします。

❾ 帯先を結び目の上にたらす

帯先を結び目の下から通して結び目の上
にたらします。

⑩ 残りの帯先も結び目の上にたらす

⑨と同様にします。

※1 たらす部分の長さは全体のバランスをみながら調節しましょう
※2 半分に折られているリボンの輪の部分を開くとより華やかになります

⑪ 帯をまわす

片手で結び目、もう片方の手で胴回りの帯を持って、すこしおなかをひっこめて一気にまわします。
まわす方向は衿合わせがくずれないように右にまわしましょう。

※ゴムなしの帯板はここでさしこみます。

⑫ 完成！

これで完成です。
後ろが下がっていないか、胴回りがずれていないか、をチェックしましょう。

帯揚げ、帯締めを使うとお出かけにもピッタリ！

帯を2本使って締めるとゴージャス感UP！
2本目は兵児帯などやわらかいものがオススメ

Arrangement

蝶々結びを強調するとラヴリーに♡

大人っぽくお太鼓で -作り帯の結び方-

1 前帯を巻く

ゴムつきの帯板はあらかじめつけておきましょう。
紐がついているほうを下にして前帯を巻き、巻き終わりが背中側にくるように調節して、紐を前で結びます。
結んだ紐は見えないように胴まわりの中へ入れておきます。

※ゴムなしの帯板は前帯を巻いた後で差し込みます。

2 枕をセットする

お太鼓の山の中にあらかじめ帯揚げをかけておいた帯枕をセットします。
セットする場所は表から数えて一枚目の内側になります。
手先もお太鼓の中に折り込んでおきます。

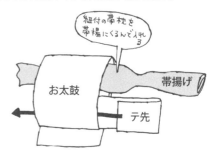

3 お太鼓を背負う

お太鼓の山と帯枕をしっかりと持ち、帯枕が胴回りの帯の上線の上にくるようにお太鼓を背負います。
枕の紐を前にまわしてしっかりと結びます。枕の紐は前帯の中にしっかり押し込んでおきましょう。

4 帯締め、帯揚げを結ぶ

お太鼓の中の「テ」の真ん中あたりに帯締めを通して正面で長さをそろえてからしっかりと結びます。
帯揚げもきれいに結んで完成です。

コラム：これも悪くない

わたしが着物にはまるきっかけとなったのは、アンティーク着物のコレクター「池田重子」さんの展覧会でした。
それまで「手吹きガラスのワイングラス」に始まり、「バターナイフ」や「外国のレターセット」など多分に収集癖のあるわたしはどっぷりとアンティーク着物の世界に。
東京でもアンティークが身近にある「西荻窪」に住んでいたのもよかったのかもしれません。
第1回目の「日本のおしゃれ展」でアンティーク着物というものを頭にたたき込んだわたしはいろんなお店を回り始めました。
世の中は全然着物ブームではなかったので比較的良い物を揃えることができました。
着物の着付けは独学で、本を足で押さえて見ながら憶えました。
長着はなんとか様になってきましたが、帯が難しい。
それが悩みの種。

今回本の中で制作した「作り帯」は「着姿が美しければいいんじゃないの?」と思っているわたしの頭の中に浮かんだものを形にしました。
普通の帯は背中部分に正面の柄を持ってくる場合、おなか部分は90度倒れた柄になりますが、作り帯はそれがなく、おなかも背中も正面向きの一番いい柄を見せることができます。
もちろんこれまでも作り帯や付け帯と言われる物が存在していることは知っていました。
わたしの中では、どちらかというとおしゃれ着というより着物を着る忙しい職業の方の簡単な帯という印象でしたが、自分でデザインするようになって作り帯の楽しさに目覚めました。
おもしろい組み合わせやかわいいものを自分で縫えばもっと楽しいはず。
着物の楽しみ方のステップとして「作り帯」を楽しんでみませんか?

● 帯揚げの結び方

1 帯揚げを畳んでおく

左右の長さをそろえて帯揚げの幅を4つに折り畳んでおきます。
※脇からきちんと折っておくとキレイに仕上がります。

2 左側を上にしてひと結びします。

自分から見て左側を上にしてひと結びして、結び目を上下にまっすぐ立てます。
上側の帯揚げをまっすぐおろし、結び目の上線をきれいにととのえておきます。

3 もうひと結びする

下側の帯揚げを右側に折って輪をつくり、上側の帯揚げを輪の中に通して左右の端を引いて軽く締めます。

4 帯揚げを帯の中に入れる

結び目を帯の中に入れてあまった両端を根元から帯の中へ押し込んでいきます。

● 帯締めの結びかた

1 ひと結びする

中央で長さをそろえます。
自分から見て左を上にしてしっかりと結びます。
ゆるまないように結び目を左手で押さえておきましょう。

2 右の帯締めを左に流す

右側の帯締めで輪をつくり左側へ流します。
結び目は右手でおさえておきます。

3 下の帯締めを輪にとおす

下に残っている帯締めを根元から結び目の上に折りあげて右側の輪の中に上から下にくぐらせます。
結び目は左手で押さえておきましょう。

4 左右に引いて端をはさむ

くぐらせた帯締めの根元を右手で押さえて帯締めを左右に引いてしっかりと締めます。
きちんと帯締めを重ねて房の根元を帯締めにはさんで完成です。

※帯締めの位置は前帯の真ん中か少し下くらいにするとバランスがよくなります。

ありがと、またね。

「ミシンで着物」を手に取っていただきありがとうございます。

「おしゃれ」っていったいなんなんだろうって、いつも思います。

ひとからみてどんなに不思議なカッコをしていても「これがわたしのおしゃれなんだわ」って思えばそれはその人にとっての「おしゃれ」になります。

わたしが着物に惹かれたのは、その「おしゃれ」を語る上でのポイントとなる「形が同じ」だったから。

同じ形だということは「形」をデザインする必要がないのです。

色や柄や組み合わせで楽しめばいいというのは、自分で考える範囲が広くなる。

そして、同じ形をしているということは、作り方がわかれば自分だけのものを自分で作ることができるようになる。

それってすごいなあと。

本の中で登場する着物たちは、わたしが世界中を旅して集めた生地や旅からインスパイアされてデザインした生地などを使っています。

半衿、帯揚げ、帯締めなどは、自分の身近にあるものを利用しています。

着物は足し算の芸術、ベースの着物と帯になにを組み合わせていくかでまったく違う表情を見せてくれます。

たくさん作ってたくさん楽しんでください。

そしていつかもっとおしゃれしたくなったら「ハレの日のよそゆき」をおあつらえしてください。

ありがとう。

やまもとゆみ
（2008年）

新装版によせて

「ミシンで着物」が出て16年が経ちました。

当時は「ミシンで着物縫うの?」とわたし自身も思いましたし世の中もそうだったと思います。

「ミシンで着物」以降、たくさんの着物作家の皆さんが生まれ、着物を着たい人たちにとって手に取りやすい世界になったのではないでしょうか?

わたしの活動は、ミシンで着物を縫うところを起点とすると、デジタルプリントのハードルが下がり、パターンの中に柄を入れて

絵羽もどんな柄も自由に作ることができる「デジプリパターン」を始めました。

そこから小さいものに気持ちを投影できる「お人形のためのデジプリパターン」と始めたり、

縫わないお財布オリガミウオレットを作ったり、

製本を習ってオリジナル生地を使った上製本ノートを作ったり。

海外のイベントや展示にもたくさん出て世界を旅してきました。

オリジナルの人形のプロジェクト「Les COCONS」も始めました。

そんな中で「ミシンで着物」を再びというお話をいただき感謝でいっぱいです。

読者のみなさまの手に本がたくさん届くことを願って。

旅する着物作家　やまもとゆみ

著者紹介

やまもとゆみ

和歌山県出身。
2000年3月 NTT退職。2001年着物の本「KIMONO姫」の編集経験をきっかけに着物の履物をはじめてデザイン。
その後、足袋(ソックス)、着物、帯とトータルに作り始める。
世界中を旅し、そこで見つけた生地や、旅でインスパイアされたものをMacでデザインしてインクジェットで生地を制作。
日本の伝統工芸「津軽塗」とコラボレーション、青森県の「和モダンスタイル確立事業」委員もつとめる。
2010年より海外での活動を中心に、個展・グループ展多数開催。2016年に日本・ベルギー国交150年記念SAKUR150で個展(ブリュッセル)、ハッセルトモード美術館で作品展示。2024年にフランス絹美術館で作品展示。
著書は、『デジプリパターンで作る 着物と着物まわりのかわいいもの』『乙女の玉手箱シリーズ こけし』(グラフィック社刊)など多数。

● 元本スタッフ

アートディレクション
関 真吾

作品写真
新井谷武廣

作り方工程写真
今井康夫

写真協力
篠部雅貴(インタニヤ)

ヘアメイク
双木昭夫(クララシステム)

モデル
杉本深海(FLOS)

イラスト
ハセガワ・アヤ

Special Thanks
イチハラサチコ、田中千衣子

企画・編集
小中千恵子(グラフィック社)

撮影協力
アンドストライプ (p.04〜05) ／ vase (p.16〜17) ／
bugs and gardener (p.08〜09)／ニルスタイルカフェ (cover、p.10〜11)／
ルビーインザソーダ (p.06〜07 他)

※本書に掲載の作品は非売品です

● 新装版スタッフ

カバーデザイン
大田 忍 (Branding Tailor Inc.)

カバーイラスト
やまだないと

編集
荻生 彩 (グラフィック社)

新装版
ミシンで着物 綿・麻・ゆかた

2024年10月25日 初版第1刷発行

著 者　やまもとゆみ
発行者　津田淳子
発行所　株式会社グラフィック社
印刷・製本　TOPPANクロレ株式会社

〒102-0073
東京都千代田区九段北1-14-17
Tel. 03-3263-4318 (代表)
Fax. 03-3263-5297
https://www.graphicsha.co.jp/

定価はカバーに表示してあります。
乱丁・落丁本は、小社業務部宛にお送りください。小社送料負担
お取替え致します。
本書のコピー、スキャン、デジタル化等の無断複製は著作権法
外を除き禁じられています。本書を代行業者等の第三者に依頼
キャンやデジタル化することは、たとえ個人や家庭内の利用で
も著作権法上認められておりません。

> 警告
> 本書に掲載している作品及びそのデザインは著者の著作物です。購入された方が個人的に楽しむ場合を除いて、無断での製作、販売は禁じられています。
> 本書の収録内容の一切について無断転載、無断複写、無断引用を禁じます。

ISBN 978-4-7661-3976-1 C0077
©Yumi Yamamoto 2024, Printed in Japan